Popcorn kogebog: Fra klassiske til gourmetversioner

Oplev de bedste 100 opskrifter på de mest lækre popcorn, du nogensinde har smagt.

Isabella Meldgaard

Alle rettigheder forbeholdes.

Ansvarsfraskrivelse

Oplysningerne i denne e-bog er beregnet til at tjene som en omfattende samling af strategier, som forfatteren af denne e-bog har forsket i. Resuméer, strategier, tips og tricks er kun anbefalinger fra forfatteren, og læsning af denne e-bog garanterer ikke, at ens resultater nøjagtigt vil afspejle forfatterens resultater. Forfatteren af e-bogen har gjort enhver rimelig indsats for at give aktuelle og nøjagtige oplysninger til e-bogens læsere. Forfatteren og hans medarbejdere vil ikke blive holdt ansvarlige for eventuelle utilsigtede fejl eller udeladelser, der måtte blive fundet. Materialet i e-bogen kan indeholde oplysninger fra tredjeparter. Tredjepartsmateriale inkluderer meninger udtrykt af deres ejere. Som sådan påtager forfatteren af e-bogen sig ikke ansvar eller ansvar for noget tredjepartsmateriale eller udtalelser. Uanset om det er på grund af internettets udvikling eller de uforudsete ændringer i virksomhedens politik og redaktionelle retningslinjer for indsendelse, kan det, der er angivet som kendsgerning på tidspunktet for dette skrivende, blive forældet eller uanvendeligt senere.

E-bogen er copyright © 2023 med alle rettigheder forbeholdt. Det er ulovligt at videredistribuere, kopiere eller skabe afledt arbejde fra denne e-bog helt eller delvist. Ingen dele af denne rapport må reproduceres eller genudsendes i nogen som helst form uden udtrykkelig skriftlig og underskrevet tilladelse fra forfatteren.

INDHOLDSFORTEGNELSE

INDHOLDSFORTEGNELSE..3
INTRODUKTION..8
1. Pink Lemonade Popcorn...9
2. Spirulina popcorn...11
3. Red Velvet Popcorn..13
4. Salte karamel popcorn souffléer...15
5. Matcha lime popcorn...19
6. Tranebær popcorn barer..22
7. Candy Corn Popcorn Bolde...24
8. Marshmallow Popcorn Milkshake..26
9. Bourbon karamel klynger..28
10. Orkanen Popcorn..30
11. Butterfly Pea Lime Popcorn..32
12. Toblerone popcorn..35
13. Krydret komfur popcorn..37
14. Popcorn bolde..39
15. Air-fryer Popcorn med hvidløgssalt.....................................41
16. Tigger popcorn..43
17. Sprød italiensk popcornblanding...45
18. Sriracha Popcorn is...47
19. Acadiske popcorn...50
20. Citron-peber popcorn med parmesan.................................53
21. Nori Seaweed Popcorn..55

22. Kedel Majs & Kys..57
23. Hakka Spice Popcorn..59
24. Karamelpopcornklaser med ristede jordnødder....61
25. Asian Fusion Party Mix..64
26. Popcorn på tværs af grænsen..66
27. Mandel Mokka Popcorn..68
28. Mandel Toffee Popcorn...70
29. Amaretto popcorn...72
30. Abrikos Treat Popcorn..74
31. Astronaut Popcorn..76
32. Bacon ost popcorn..78
33. Bayou Popcorn...80
34. BBQ popcorn..82
35. Buffalo Hot Corn...84
36. Smør Pecan Popcorn..86
37. Butterscotch Brownies A-Poppin...................................88
38. Butterscotch Popcorn Crunch...90
39. Cajun Popcorn..92
40. Candy æble popcorn bolde...94
41. Karamel popcorn...96
42. Cheddar popcorn...98
43. Kirsebær popcorn..100
44. Kylling popcorn...102
45. Chili popcorn..104
46. Kinesisk Popcorn Delight..106

47. Chokoladecreme popcorn 108
48. Chokoladeglaserede popcornfirkanter 110
49. Kanel æble popcorn 112
50. CocoaPop Fudge 114
51. Kokos pecan popcorn 116
52. Kokos popcorn tærte 118
53. Sprækker 121
54. Tranebær popcorn bolde 123
55. Karry Parmesan Popcorn 125
56. Berusede popcornkugler 127
57. Bage med frugtpopcorn 129
58. Frugtfulde popcorn cookies 131
59. Hvidløg Cheddar Popcorn Kugler 133
60. Gyldne Popcorn Firkanter 135
61. Granola Crunch Popcorn 137
62. Granola popcorn barer 139
63. Høst / Efterår Popcorn 141
64. Hawaiisk popcornblanding 143
65. Heavenly Hash Popcorn 145
66. Ferie popcorn bolde 147
67. Honning Pecan Popcorn 149
68. Varm senneps popcorn 151
69. Ice Cream Popcornwiches 153
70. Jamaicansk popcorn 155
71. Jelly Bean Popcorn Heaven 157

72. Jungle popcorn 159
73. Kemtuky Praline Popcorn 161
74. Kiddie Popcorn Crunch 163
75. Citron popcorn 165
76. Lakrids popcorn 167
77. LolliPopcorn overraskelse 169
78. Mac-Corn-Roon Cookies 171
79. Maple Corn Squares 173
80. Marshmallow Creme Popc orn 175
81. Svampepopcorn 177
82. Nacho Popcorn 179
83. Orange kandiserede popcorn 181
84. Parmesan purløg popcorn 183
85. Peanut Butter Popcorn 185
86. Peanut Butter Popcorn kopper 187
87. Pebermynte Candy Popcorn 189
88. Peberrige popcorn 191
89. Pesto popcorn 193
90. Pina Colada Popcorn 195
91. Pikante popcorn 198
92. Pizza popcorn 200
93. Popcorn ala Koolaid 202
94. Popcorn klynger 204
95. Popcorn Høstakke 206
96. Popcorn honningkugler 208

97. Popcorn Italiano..210
98. Popcorn makroner..212
99. Popcorn muffins...214
100. Popcorn på pind / Popsicle Style.........................216
KONKLUSION...218

INTRODUKTION

Denne bog er fuld af popcornopskrifter, der er utrolig sjove og overkommelige at lave derhjemme. Med 100 velsmagende opskrifter er der meget mere end blot de velkendte karamel- og cheddarsmag. Du vil finde kreative opskrifter som Pepperoni Pizza, Bacon Teriyaki, Taco Lime smag, Gooey S'mores, samt sjove popcorn til børn og en anden kun til ferien. Et så stort udvalg af popcorn med smag betyder, at der er en batch perfekt til enhver lejlighed. Endnu bedre, popcorn er naturligt vegansk, vegetarisk og glutenfri, et godt alternativ til usunde forarbejdede snacks.

Denne livlige bog er den definitive popcornguide!

1. Pink Lemonade Popcorn

Gør: 6 til 8 portioner

INGREDIENSER:
- En 3,2-ounce pose majs til mikroovnskedel
- 1 ½ tsk pink limonade drikkepulver

INSTRUKTIONER:
a) Forbered kedelmajsen i henhold til pakkens anvisninger.
b) Tag posen ud af mikrobølgeovnen og åbn den forsigtigt.
c) Mens popcornene stadig er varme, hæld det lyserøde limonadedrikpulver i.
d) Hold posen lukket med hånden og ryst kraftigt, indtil den er blandet.
e) Server med det samme eller opbevar i en lufttæt beholder.

2. Spirulina popcorn

Giver: 4 portioner

INGREDIENSER:
- Revet parmesanost
- Hvidløgs pulver
- ½ spsk dulse flager
- Cayennepeber, chilipeber eller paprika
- 1 spsk Spirulina

INSTRUKTIONER:
a) Lav popcorn som normalt.
b) Bland nogen af eller alle ovenstående ingredienser.
c) Mens popcornene stadig er varme, tilsæt krydderiblandingen og ryst kraftigt, så popcornene er jævnt belagt.

3. Red Velvet Popcorn

Giver: 8 portioner

INGREDIENSER:
- 16 kopper poppede popcorn
- 3 kopper rødt fløjlskagekrummer
- 20 ounce hvid chokolade eller hvidt smeltende slik

INSTRUKTIONER
a) Put popcornene i en stor skål med en luftpopper.
b) Smelt din hvide chokolade efter pakkens anvisning.
c) Hæld den smeltede chokolade over popcornene og rør rundt, så det er dækket helt.
d) Hæld popcornene på en bordbeklædt med vokspapir og drys med dine røde fløjlskrummer.
e) Lad det tørre helt, inden det spises.

4. Salte karamel popcorn soufflèer

Gør: 4

INGREDIENSER:
- 125 ml sødmælk
- 125 ml dobbelt creme
- 105 g flormelis
- 25 g budding ris
- 1 vaniljestang, delt
- 75 g usaltet smør, blødgjort
- 6 æggehvider
- 20 g popcorn

SALT KARAMELSAUCE
- 100 g flormelis, plus 75 g til ramekins
- 45 g saltet smør, skåret i stykker
- 60 ml dobbelt creme
- ½ tsk havsalt

INSTRUKTIONER:
a) Opvarm ovnen til 140°C og stil fire 9,5 cm x 5 cm souffléforme eller ramekins i køleskabet til afkøling.
b) Kom mælk, fløde, 15 g sukker, ris, vaniljestang og en knivspids salt i en ovnfast gryde.
c) Dæk til og bag i 2 timer, eller indtil risene er møre, under omrøring hvert 30. minut.
d) Fjern vaniljestangen, overfør derefter blandingen til en blender og blend til en jævn puré, og sørg for, at der ikke er riskorn tilbage. Dæk til og lad afkøle.

e) I mellemtiden, til karamelsaucen, drys de 100 g sukker i bunden af en tykbundet gryde.
f) Sæt over medium-høj varme, og hold godt øje med sukkeret, da det begynder at smelte.
g) Ryst gryden af og til for at fordele sukker, der ikke er smeltet, og når det er smeltet, brug en silikonespatel til at samle det, og bryd forsigtigt eventuelle klumper op.
h) Når det er en jævn, dybt ravfarvet væske - pas på ikke at det brænder på - rør hurtigt smørret i.
i) Hæld langsomt fløden i, under omrøring, indtil den danner en skinnende, blank karamelsauce. Rør havsaltet i. Sæt til side.
j) Når ramekinerne er helt kolde, tag dem ud af køleskabet og pensl generøst indersiden med smørret, sørg for at der ikke mangler pletter, og pensl helt op til kanten.
k) Hæld de 75 g sukker i den ene ramekin, drej den, så indersiden er grundigt belagt med sukker, hæld derefter det overskydende i den næste og gentag, indtil de alle er belagte. Sæt til side.
l) Hæld æggehviderne i en stor skål og pisk med en elpisker ved høj hastighed i 1 min.
m) Tilsæt gradvist en fjerdedel af det resterende sukker, pisk i endnu et minut, derefter endnu en fjerdedel.
n) Gentag indtil alt sukkeret er inkorporeret.
o) Når alt sukkeret er tilsat, fortsæt med at piske i yderligere 30 sekunder, indtil det danner stive, skinnende toppe.
p) Kom imens risengrødpuréen og 15 g af den saltede karamelsauce i en stor varmefast skål over en gryde med kogende vand.

q) Varm forsigtigt blandingen op og rør den sammen, og tag den derefter af varmen.
r) Fold en fjerdedel af de piskede æggehvider i risengrødblandingen for at hjælpe med at løsne den, og fold derefter resten i, indtil den er grundigt indarbejdet.
s) Forvarm ovnen til 200C.
t) Hæld souffléblandingen i de forberedte ramekins, og fyld dem lidt over.
u) Brug en paletkniv til at jævne toppen af.
v) Kør din sammenklemte tommelfinger og pegefinger rundt om den indvendige kant af hver af ramekinerne for at sikre, at souffléerne hæver lige op.
w) Drys toppene med popcornene, læg dem derefter på en bageplade og bag på midterste rille i ovnen.

5. Matcha lime popcorn

Giver: 2 portioner

INGREDIENSER:
- 1 spsk kokosolie
- ¼ kop popcornkerner
- 2 spsk sukker
- 1 spsk vegansk smør
- ½ tsk vand
- 1 tsk matcha pulver
- 1 tsk meget finthakket limeskal

INSTRUKTIONER
a) Varm olien op i en stor og dyb gryde eller gryde ved middel varme. Kom et par popcornkerner i gryden og vent på, at de popper.
b) Når de er sprunget, tilsæt resten af popcornkernerne, rør rundt for at dække med olie og tag dem af varmen. Vent 30-50 sekunder og sæt gryden tilbage på komfuret.
c) Dæk med låg og vent til kernerne springer. Når det begynder at poppe, ryst gryden et par gange for at sikre, at alle kerner koger jævnt. Fortsæt med at koge, indtil alle kerner er sprunget. Fjern fra varmen og overfør til en stor røreskål.
d) Tilsæt sukker og vegansk smør i en lille gryde. Tilsæt også gerne en knivspids salt. Varm op over medium varme og lad det koge i cirka 1 minut. Tilsæt vandet, rør rundt og kog i yderligere 20 sekunder, eller indtil sukkeret er helt opløst.

e) Hæld popcornene over under omrøring for at dække det jævnt med siruppen. Sigt matcha-pulveret over popcornene, og rør rundt til belægning. Tilsæt limeskal og rør igen.

f) Server straks! Disse popcorn serveres bedst samme dag, men du kan genopvarme dem næste dag i en 350°F forvarmet ovn i cirka 5 minutter.

6. Tranebær popcorn barer

Giver: 4 portioner

INGREDIENSER:
- 3 ounces mikrobølgeovn popcorn, poppet
- ¾ kop hvide chokoladechips
- ¾ kop sødede tørrede tranebær
- ½ kop sødet flaget kokosnød
- ½ kop skårne mandler, groft hakkede
- 10 ounces skumfiduser
- 3 spsk smør

INSTRUKTIONER:
a) Beklæd en 13 tommer x 9 tommer bradepande med aluminiumsfolie; sprøjt med slip-let grøntsagsspray og stil til side. I en stor skål, smid popcorn, chokoladechips, tranebær, kokos og mandler sammen; sæt til side. I en gryde ved middel varme røres skumfiduser og smør, indtil det er smeltet og glat.

b) Hæld popcornblandingen over og vend for at belægges helt; overføres hurtigt til forberedt gryde.

c) Læg et ark vokspapir ovenpå; tryk godt ned. Afkøl i 30 minutter, eller indtil den er fast. Løft stængerne fra panden ved at bruge folie som håndtag; skræl folie og vokspapir af. Skær i stænger; køl yderligere 30 minutter.

7. Candy Corn Popcorn Bolde

Gør: 10

INGREDIENSER:
- 8 kopper poppede popcorn
- 1 kop slikmajs
- $\frac{1}{4}$ kop smør
- $\frac{1}{4}$ tsk salt
- 10 ounce pk. skumfiduser

INSTRUKTIONER:

a) Kombiner popcorn og slikmajs i en stor skål; sæt til side. Smelt smør i en stor gryde over medium varme; rør salt og skumfiduser i.

b) Reducer varmen til lav, og kog under jævnlig omrøring i 7 minutter, eller indtil skumfiduserne smelter, og blandingen er jævn.

c) Hæld popcornblandingen over, under omrøring til belægning. Beklæd hænderne let med grøntsagsspray og form popcornblandingen til 4-tommer kugler.

d) Pak kuglerne individuelt ind i cellofan, hvis det ønskes.

8. Marshmallow Popcorn Milkshake

Giver: 2 portioner

INGREDIENSER:
- 1 kop sødmælk
- ⅔ kop popcorn
- ½ kop mini skumfiduser
- ⅔ kop vaniljeis
- ¼ tsk salt

INSTRUKTIONER:
a) Kom popcornene i en blender og puls, indtil popcornene bliver som en fin brødkrumme.
b) Tilsæt derefter skumfiduser, mælk og is. Blend indtil glat.
c) Smag på milkshaken og se, hvordan den smager først uden tilsat salt.
d) Tilsæt derefter skumfiduser, mælk og is. Blend indtil glat.
e) Smag på milkshaken og se, hvordan den smager først uden tilsat salt.

9. Bourbon karamel klynger

Gør: 24 klynger

INGREDIENSER:
- 2 spiseskefulde vegetabilsk olie
- ⅓ kop popcornkerner
- 4 spsk plantebaseret smør
- 1½ dl lys brun farin, fast pakket
- ½ kop lys majssirup
- 2 spsk bourbon
- ½ tsk salt
- ½ tsk bagepulver
- 1 kop hakkede pekannødder, ristede

INSTRUKTIONER:

a) Opvarm 3 popcornkerner i vegetabilsk olie i en medium gryde med låg over medium varme. Tilsæt de resterende kerner og læg låg på gryden, så snart en springer.

b) Kog i 3 minutter, mens du ryster panden konstant, eller indtil kernerne holder op med at springe.

c) Forvarm ovnen til 350°F og beklæd en bageplade med aluminiumsfolie,

d) Spray med non-stick madlavningsspray.

e) Smelt det plantebaserede CannaButter i en gryde. Tilsæt lys brun farin og lys majssirup.

f) Bring blandingen i kog, under omrøring af og til, i 10 minutter, eller indtil den når 300°F.

g) Sluk for varmen og tilsæt bourbon, salt, bagepulver, pekannødder og popcorn og vend til belægning.

h) Overfør blandingen til den forberedte bageplade og arranger klyngerne.

i) Lad det køle af i mindst 30 minutter før servering.

10. Orkanen Popcorn

Gør: 4 portioner

INGREDIENSER:
- 1 liter frisk popcorn
- 1 spsk smeltet smør
- $\frac{1}{8}$ teskefuld sojasovs
- 1 spsk nori furikake
- Japanske riskiks

INSTRUKTIONER:
a) Bland et strejf af sojasovs med smeltet smør. Dryp gradvist smørblandingen over popcornene, og fordel dem så jævnt som muligt. Bland godt.
b) Drys furikake over popcorn, rør/ryst godt for at fordele. Bland riskiks i.
c) Top med et ekstra drys furikake.

11. Butterfly Pea Lime Popcorn

Giver: 2 portioner

INGREDIENSER:
- 1 spsk kokosolie
- ¼ kop popcornkerner
- 2 spsk sukker
- 1 spsk vegansk smør
- ½ tsk vand
- 1 tsk Butterfly Pea pulver
- 1 tsk meget finthakket limeskal

INSTRUKTIONER
a) Varm olien op i en stor og dyb gryde eller gryde ved middel varme.
b) Kom et par popcornkerner i gryden og vent på, at de popper.
c) Når de er sprunget, tilsæt resten af popcornkernerne, rør rundt for at dække med olie og tag dem af varmen. Vent 30-50 sekunder og sæt gryden tilbage på komfuret.
d) Dæk med låg og vent til kernerne springer. Når det begynder at poppe, ryst gryden et par gange for at sikre, at alle kerner koger jævnt. Fortsæt med at koge, indtil alle kerner er sprunget. Fjern fra varmen og overfør til en stor røreskål.
e) Tilsæt sukker og vegansk smør i en lille gryde. Tilsæt også gerne en knivspids salt. Varm op over medium varme og lad det koge i cirka 1 minut. Tilsæt vandet, rør rundt og kog i yderligere 20 sekunder, eller indtil sukkeret er helt opløst.
f) Hæld popcornene over under omrøring for at dække det jævnt med siruppen.

g) Sigt Sommerfugleærten over popcornene og rør til pels. Tilsæt limeskal og rør igen.
h) Server straks.

12. Toblerone popcorn

Gør: 1

INGREDIENSER:
- 1 pose popcorn
- ½ Toblerone bar
- ⅓ kop mælk

INSTRUKTIONER
a) Pop popcornene
b) Kom chokolade og mælk i en gryde
c) Tænd for middel til lav varme
d) Rør ret ofte i starten og lad derefter chokoladen falde til en sauce
e) Når en glat konsistens, dryp over popcorn

13. Krydret komfur popcorn

Gør: 10 kopper

INGREDIENSER:
- 1 spsk olie
- 1 tsk garam masala
- ½ kop ukogte popcornkerner
- 1 tsk groft havsalt

INSTRUKTIONER:
a) Opvarm olien i en dyb, tung pande ved middel varme.
b) Rør popcornkernerne i.
c) Lad det simre i 7 minutter med panden tildækket.
d) Sluk for varmen og lad popcornene sidde i 3 minutter med låg på.
e) Tilsæt salt og masala efter smag.

14. Popcorn bolde

INGREDIENSER:
- 7 liter poppede popcorn
- 1 kop melasse
- 1 kop granuleret sukker
- ⅓ kop vand
- ½ tsk salt
- ½ tsk vanilje

INSTRUKTIONER:

a) Placer popcorn i en stor bradepande; holdes varm i en 200° ovn.

b) I en tyk gryde kombineres sukker, melasse, vand og salt.

c) Kog over medium varme, indtil et sliktermometer viser 235° (soft-ball stage).

d) Fjern fra varmen. Tilsæt vaniljen.

e) Hæld straks popcorn over og rør rundt, indtil det er jævnt belagt.

f) Når blandingen er kølig nok til at håndtere, form den hurtigt til en 3-in. kugler, dyppe hænderne i koldt vand for at forhindre at de klæber.

15. Air-fryer Popcorn med hvidløgssalt

Gør 1 portion

INGREDIENSER:
- 2 spsk olivenolie
- ¼ kop popcornkerner
- 1 tsk hvidløgssalt
- Madfarve

INSTRUKTIONER:
a) Forvarm airfryeren til 380°F.
b) Riv en firkant af aluminiumsfolie på størrelse med bunden af airfryeren og læg den i airfryeren.
c) Dryp olivenolie over toppen af folien, og hæld derefter popcornkernerne i.
d) Steg i 8 til 10 minutter, eller indtil popcornene holder op med at poppe.
e) Overfør popcornene til en stor skål og drys med hvidløgssalt og madfarve inden servering.

16. Tigger popcorn

Gør: Cirka 4 kopper poppet

INGREDIENSER:
- 2 spsk popcornkerner
- 2 udbrud af nonstick madlavningsspray
- Kanel efter smag
- Chilipulver efter smag
- Cayennepeber efter smag
- Hvidløgspulver efter smag
- 1 tsk havsalt

INSTRUKTIONER
a)   Læg de ukogte popcorn i en brun papirpose.
b)   Spray det indre af posen og kernerne med nonstick madlavningsspray, og fold derefter toppen af posen ned fem gange stramt for at give plads til de poppede majs.
c)   Mikrobølgeovn i 2 minutter på medium-høj.
d)   Smag til med kanel, chilipulver, cayennepeber, hvidløg og salt. Luk posen igen og ryst den kraftigt.

17. Sprød italiensk popcornblanding

Gør: 10 portioner

INGREDIENSER:
- 10 kopper Popcorn
- 3 kopper Bugleformede majssnacks
- ¼ kop Margarine eller smør
- 1 tsk Italiensk krydderi
- ½ tsk Hvidløgs pulver
- ⅓ kop parmesan ost

INSTRUKTIONER:

a) Kombiner popcorn og majssnack i en stor mikroovnsskål.

b) andre ingredienser undtagen osten i en 1 kop mikrosikker foranstaltning .

c) Mikrobølgeovn i 1 minut på HØJ, eller indtil margarinen smelter; røre rundt. Hæld popcornblandingen ovenpå.

d) Rør indtil alt er jævnt belagt. Mikrobølgeovn, uden låg, i 2-4 minutter, indtil den er ristet, under omrøring hvert minut. Parmesanost skal drysses ovenpå.

e) Serveres varm.

18. Sriracha Popcorn is

Gør omkring 1 liter

INGREDIENSER:
- 3 spsk sriracha
- 2 kopper friskpoppede fedtfri popcorn
- $2\frac{1}{4}$ kopper tung fløde
- Blank isbase

INSTRUKTIONER

a) Beklæd en bageplade med bagepapir. Forvarm ovnen til 220°F. Brug en offset spatel til at fordele srirachaen i et meget tyndt lag på tværs af pergamentet. Dehydrer srirachaen i ovnen i cirka en time, eller indtil den er helt tør. Lad det køle helt af. På dette tidspunkt skal det skrælle eller skrabe pergamentet af. Læg srirachaen i en plastikpose og knus den til et pulver. Sæt til side.

b) Begynd med friskpoppede majs, stadig varme. Hvis du ikke har friske popcorn, kan du riste popcorn i sække i 5 minutter i ovnen ved 200°F, eller indtil duften af popcorn er mærkbar. De fedtfri popcorn er vigtige, da de ikke vil have den olie, som standard popcorn gør, hvilket skaber en fedtethed i den færdige is.

c) I en medium gryde ved middel varme tilsættes popcornene til cremen. Bring til et lavt kogepunkt i 3 til 5 minutter. Brug en mesh-si sat over en skål, sigt væsken, pres for at sikre, at du får så meget af den smagfulde creme som muligt. Der kan komme en smule popcornmasse igennem, men det er okay – det er lækkert! Reserver de resterende faste stoffer til Popcorn Pudding. Lad cremen køle helt af.

d) Du vil miste noget fløde til absorption, så mål din resterende creme og tilsæt efter behov for at vende tilbage til 1¾ kopper fløde.

e) Forbered den tomme bund i henhold til standardvejledningen, men brug den infunderede creme og reducer sukkeret til ¼ kop.

f) Opbevares i køleskabet natten over. Når du er klar til at lave isen, blendes blandingen igen med en stavblender, indtil den er glat og cremet.

g) Hæld i en ismaskine og frys efter producentens anvisninger.

h) Lige før isen er færdig med at kærne, drysses sriracha-pulveret i, og piskeriset får lov til at fordele flagerne. Tilsætning af sriracha for tidligt vil rehydrere den og forårsage striber af sriracha i stedet for flager.

i) Opbevar i en lufttæt beholder og frys natten over.

19. Acadiske popcorn

INGREDIENSER:

- 2 pund rå langusterhaler (eller små rejer)
- 2 store æg
- 1 kop tør hvidvin
- $\frac{1}{2}$ kop majsmel
- $\frac{1}{2}$ kop mel
- 1 spsk frisk purløg
- 1 fed hvidløg, hakket
- $\frac{1}{2}$ tsk timianblade
- $\frac{1}{2}$ tsk kørvel
- $\frac{1}{2}$ tsk hvidløgssalt
- $\frac{1}{2}$ tsk sort peber
- $\frac{1}{2}$ tsk cayennepeber
- $\frac{1}{2}$ tsk paprika
- olie til friturestegning

INSTRUKTIONER:

a) Skyl langusterne eller rejerne i koldt vand, dræn godt af og stil til side, indtil de skal bruges. Pisk æg og vin i en lille skål, og stil derefter på køl. I en anden lille skål kombineres majsmel, mel, purløg, hvidløg, timian, kørvel, salt, peber, cayennepeber og paprika. Pisk gradvist de tørre ingredienser i æggeblandingen, bland godt. Dæk den resulterende dej og lad den derefter stå i 1-2 timer ved stuetemperatur.

b) Opvarm olien i en hollandsk ovn eller frituregryde til 375 °F på et termometer.

c) Dyp den tørre fisk og skaldyr i dejen og steg den i små omgange i 2-3 minutter, og vend den, indtil den er gyldenbrun hele vejen igennem.

d) Fjern langusterne (eller rejerne) med en hulske og dræn dem grundigt på flere lag køkkenrulle. Server den på et opvarmet fad med din yndlingsdip.

20. Citron-peber popcorn med parmesan

Gør: 4

INGREDIENSER:
- 4 kopper luftpoppede popcorn
- 2 spsk revet parmesanost
- $\frac{3}{4}$ tsk citronpeberkrydderi

INSTRUKTIONER:
a) I en stor skål kombineres alle ingredienserne.
b) Vend godt rundt og server med det samme.

21. Nori Seaweed Popcorn

Gør: 6

INGREDIENSER:
- Sorte sesamfrø, en spiseskefuld
- Brunt sukker, en spsk
- Salt, halve teskefulde
- Kokosolie, halve teskefulde
- Popcornkerne, halv kop
- Smør, to spiseskefulde
- Nori tangflager, en spiseskefulde

INSTRUKTIONER:
a) I en støder og morter kværnes nori-tangflagerne, sesamfrø, sukker og salt til et fint pulver.
b) Smelt kokosolien i en stor, tykbundet gryde.
c) Tilsæt popcornkerner, dæk med låg og kog over middel varme, indtil de springer.
d) Tilsæt straks resten af majsene efter majsene er poppet, sæt låget på og kog, ryst gryden af og til, indtil alle kerner er sprunget.
e) Overfør de poppede majs til en stor skål og hæld det smeltede smør over, hvis du bruger det.
f) Drys over din søde og salte nori-blanding og brug hænderne til at blande godt, indtil hvert stykke er belagt.
g) Top med de resterende sesamfrø.

22. Kedel Majs & Kys

INGREDIENSER:
- Stor gryde med låg
- ½ kop popcornkerner
- ¼ kop vegetabilsk olie
- ¼ kop hvidt sukker
- Salt efter smag
- ½ kop mini chokolade chips

INSTRUKTIONER:
a) Opvarm vegetabilsk olie i en stor gryde.
b) Drop tre popcornkerner i olie for at teste temperaturen. Pas på varme oliestænk!
c) Når kernerne springer, tilsæt sukker til olie. Rør indtil sukkeret er opløst, og tilsæt derefter de resterende popcornkerner.
d) Ryst gryden for at beklæde kernerne med olie/sukkerblanding. Dæk til og fortsæt med at koge over medium varme, løft og ryst gryden ofte for at forhindre popcorn i at brænde på.
e) Når poppingen aftager til et pop hvert andet eller tredje sekund, fjern gryden fra varmen og fortsæt med at ryste gryden, indtil poppingen stopper.
f) Hæld straks i en stor skål under omrøring for at bryde store klumper af popcorn.
g) Tilsæt salt efter smag.
h) Tilføj minichokoladechips til delvist afkølede popcorn. Rør for at overtrække popcorn med chokolade.
i) Afkøl helt.

23. Hakka Spice Popcorn

INGREDIENSER:
- Krydderiblanding
- 2 spiseskefulde vegetabilsk olie
- ½ kop popcornkerner
- Kosher salt

INSTRUKTIONER:
a) Kombiner dine krydderier i en lille sauterpande eller stegepande; stjerneanisfrø, kardemommefrø, nelliker, peberkorn, korianderfrø og fennikelfrø. Rist krydderierne i 5 til 6 minutter.
b) Tag gryden af varmen og overfør krydderierne til en morter og støder eller krydderikværn. Kværn krydderierne til et fint pulver og kom over i en lille skål.
c) Tilsæt malet kanel, ingefær, gurkemeje og cayennepeber og rør for at kombinere. Sæt til side.
d) Varm en wok op over medium-høj varme, indtil den lige begynder at ryge. Hæld vegetabilsk olie og ghee i, og hvirvl for at belægge wokken. Tilsæt 2 popcornkerner til wokken og læg låg på.
e) Når de popper, tilsæt resten af kernerne og dæk til.
f) Ryst konstant, indtil det stopper.
g) Overfør popcornene til en stor papirpose. Tilsæt 2 generøse knivspids kosher salt og 1½ spsk af krydderiblandingen. Fold posen sammen og ryst!

24. Karamelpopcornklaser med ristede jordnødder

Gør: 3 pund

INGREDIENSER:
- 2¼ kopper (300 gram) ristede jordnødder
- 3 mikroovnsposer (200 gram) poppede popcorn
- 1¼ teskefulde (6 gram) bagepulver
- 1½ tsk (8 gram) salt
- 1 kop (200 gram) sukker
- ¾ kop (180 gram) brun farin
- ¼ kop (84 gram) ahornsirup
- ¼ kop (90 gram) majssirup
- 6 spiseskefulde (85 gram) smør

INSTRUKTIONER:
a) Fordel peanuts på en bageplade beklædt med bagepapir. Varm i ovnen ved 200°F. Læg derefter popcornene i en overdimensioneret skål ved siden af komfuret. Bland bagepulver og salt i en lille forberedelsesskål og stil det ved siden af komfuret.
b) I en tung 4-quart gryde røres sukker, brun farin, ahornsirup, majssirup og smør sammen ved lav varme. Når det ser ud som om alle sukkerkrystallerne er smeltet, tages rørestangen ud.
c) Børst siderne af gryden ned med vand ved hjælp af en ren wienerbrødsbørste, indtil der ikke er krystaller på siderne af gryden.
d) Placer et sliktermometer i gryden og kog uden at røre, indtil blandingen når 290°F.
e) Tag gryden af varmen og tilsæt bagepulver og saltblandingen. Dette vil få karamellen til at skumme op, så vær forberedt på, at den hæver hurtigt. Bliv ved med

at røre, indtil skumningen aftager en smule. Rør derefter de opvarmede peanuts i.

f) Fordel karamel-nøddeblandingen jævnt over popcornene. Kast hurtigt popcornene ved hjælp af 2 rørepinde til høj varme, indtil alle popcornene er jævnt belagt.

g) Hæld karamelmajsen på en silikonebagemåtte eller bagepapir. Brug rørestavene til at banke popcornene let ned til et jævnt lag. Lad afkøle, og del derefter i små klynger.

25. Asian Fusion Party Mix

Gør: omkring 11 kopper

INGREDIENSER:
- 6 kopper poppede popcorn
- 2 kopper mundrette sprøde konjac-ris-firkanter af morgenmadsprodukter
- 1 kop usaltede ristede cashewnødder eller jordnødder
- 1 kop små kringler
- 1 kop wasabi ærter
- 1/4 kop vegansk margarine
- 1 spsk sojasovs
- 1/2 tsk hvidløgssalt _
- 1/2 tsk krydret salt

INSTRUKTIONER
a) Forvarm ovnen til 250°F. Kombiner popcorn, korn, cashewnødder, kringler og ærter i en 9 x 13-tommer bradepande.
b) Kombiner margarine, sojasovs, hvidløgssalt og krydret salt i en lille gryde. Kog under omrøring ved middel varme, indtil margarinen er smeltet, cirka 2 minutter. Hæld popcornblandingen over, under omrøring for at blande godt. Bages i 45 minutter, under omrøring af og til. Afkøl helt inden servering.

26. Popcorn på tværs af grænsen

INGREDIENSER:

- ¼ kop upoppet majs (8 kopper poppet)
- 1 kop revet Monterey Jack ost
- 2 tsk chilipulver
- 2 tsk paprika
- 2 tsk stødt spidskommen

INSTRUKTIONER:

a) Pop popcorn. Bland krydderier i den revne ost.

b) Drys blandingen over ukrydrede popcorn og vend indtil godt blandet.

27. Mandel Mokka Popcorn

INGREDIENSER:
- ½ kop stærk kaffe
- ½ kop hvid majssirup
- ¼ kop smør
- 1 kop brun farin
- 1 spsk kakao
- ½ kop popcorn, poppet
- 1 kop mandler; hakke ristet

INSTRUKTIONER:

a) Kom kaffe, majssirup, smør, brun farin og kakao i en tyk gryde.

b) Kog over moderat varme til 280~ på et sliktermometer.

c) Hæld de poppede majs og mandler over

28. Mandel Toffee Popcorn

INGREDIENSER:
- 1 kop sukker
- ½ kop smør
- ½ kop hvid majssirup
- ¼ kop vand
- 1 kop mandler; hakket & ristet
- ½ tsk vanilje
- ½ kop popcorn

INSTRUKTIONER:
a) I en tyk gryde kombineres sukker, smør, majssirup, vand og mandler.
b) Kog over moderat varme til 280~ på et sliktermometer.
c) Tilsæt vaniljen. Rør godt rundt og hæld de poppede majs over.

29. Amaretto popcorn

INGREDIENSER:
- 3 liter popcorn
- 1 kop ublancherede hele mandler
- ½ kop Margarine eller smør
- ½ kop brun farin pakket
- ½ kop Amaretto

INSTRUKTIONER:

a) Opvarm ovnen til 250 F. Arranger popcorn på 2 gelérullepande; drys mandler over popcorn. I en lille gryde smeltes margarine ved lav varme; rør brun farin og amaretto i.

b) Bring det i kog, og rør af og til. Kog 3 minutter.

c) Fjern fra varmen. Hæld popcorn over; vend indtil den er grundigt belagt.

d) Bages ved 200~ i 1 time; fordel på folie eller vokspapir til afkøling.

e) Opbevares i en løst dækket beholder.

30. Abrikos Treat Popcorn

INGREDIENSER:

- ¼ kop smør
- 2 spsk abrikosgele eller marmelade
- 2 spsk brun farin
- ½ kop popcorn
- ½ kop ristet kokosnød
- ½ kop ristede mandler
- 1 kop tørrede abrikoser skåret små

INSTRUKTIONER:

a) Kom smør, gelé og brun farin i en tyk gryde.

b) Kog over moderat varme til 235~ på et sliktermometer.

c) Hæld de poppede majs, kokos, mandler og abrikoser over.

31. Astronaut Popcorn

INGREDIENSER:

- 8 kopper popcorn
- ½ kop sukker
- ½ kop Tang pulveriseret orange drink
- ⅓ kop Let majssirup
- ⅓ kop vand
- ¼ kop smør
- ½ tsk appelsinekstrakt
- 1 tsk bagepulver

INSTRUKTIONER:

a) Placer popcorn i en stor smurt bradepande. I en separat gryde kombineres sukker, drikkeblanding, sirup, vand og smør. Rør ved middel varme, indtil sukkeret er opløst. Kog indtil blandingen når 250~ på et sliktermometer, omrør ofte.

b) Fjern fra varmen og rør appelsinekstrakt og bagepulver i.

c) Hæld over popcorn, bland godt. Bages i 1 time, under omrøring af og til. Lad det køle helt af.

32. Bacon ost popcorn

INGREDIENSER:
- 4 liter popcorn
- ⅓ kop smør smeltet
- ½ tsk Krydret salt
- ½ tsk Hickory-røget salt
- ½ kop revet amerikansk ost
- ⅓ kop baconstykker

INSTRUKTIONER:

a) Hæld friskpoppede majs i en stor skål.

b) Kombiner margarine med hickory-røget salt.

c) Hæld popcorn over; smid godt til belægning.

d) Drys med ost og baconstykker.

e) Vend igen og server mens den er varm.

33. Bayou Popcorn

INGREDIENSER:
- 3 spiseskefulde Smør; eller margarine
- $\frac{1}{2}$ tsk hvidløgspulver
- $\frac{1}{2}$ tsk cayennepeber
- $\frac{1}{2}$ tsk paprika
- $\frac{1}{2}$ tsk tørret timian
- $\frac{1}{2}$ tsk salt
- 12 kopper poppet majs

INSTRUKTIONER:
a) I en tung gryde smeltes smør over honning. varme.
b) Bland andre ingredienser undtagen popcorn. Kog i 1 min.
c) Hæld over popcorn, vend for at dække jævnt. Server med det samme.

34. BBQ popcorn

INGREDIENSER:
- 6 spiseskefulde popcorn med varmluft ⅓ kop smør
- 3 spsk chilisauce
- 1 tsk Løgpulver
- 1 tsk chilipulver ½ tsk salt
- 2 spsk revet parmesanost

INSTRUKTIONER:
a) Placer popcorn i en stor skål. I en lille gryde smeltes margarine.
b) Rør chilisauce, løg og chilipulver og salt i.
c) Hæld chiliblandingen gradvist over popcorn, vend for at blande godt.
d) Drys med ost og vend.

35. Buffalo Hot Corn

INGREDIENSER:

- 2 ½ liter poppet majs
- 2 kopper let knækkede majschips
- 1 kop tørristede jordnødder
- ¼ kop smør
- 2 spiseskefulde Louisiana-stil varm sauce
- 1 tsk selleri frø
- ¼ tsk salt

INSTRUKTIONER:

a) I en lille skål placeres 2 kopper poppet majs; sæt til side.

b) Kombiner de resterende popcorn med majschips og peanuts.

c) I en lille gryde smeltes smør med varm sauce, sellerifrø og salt; hæld popcorn/peanut-blandingen over, og vend forsigtigt til belægning. Fordel på en 15x10-tommer bageplade.

d) Bages ved 350'F i 10 minutter. Fjern fra bagepladen til stor serveringsskål. Vend med de resterende 2 kopper poppet majs.

e) Server med det samme eller opbevar i en lufttæt beholder.

36. Smør Pecan Popcorn

INGREDIENSER:
- 8 c poppede popcorn (ca. ⅓ til ½ kop upoppede)
- Nonstick spraybelægning
- ½ kop knuste pekannødder
- 2 spsk Smør
- ⅓ c Let majssirup
- ¼ kop Instant smør pecan budding blanding
- ¼ teskefuld vanilje

INSTRUKTIONER:
a) Kassér upoppede popcornkerner.

b) Spray en 17x12x2-tommer bradepande med nonstick-belægning.

c) Læg de poppede majs og pekannødder i gryden.

d) Hold popcorn varme i en 300 grader varm ovn i 16 minutter, mens du rører halvvejs gennem bagningen.

e) Tag gryden ud af ovnen.

f) Vend blandingen på et stort stykke folie. Afkøl popcorn helt.

g) Når det er afkølet, brækkes det i store stykker.

h) Opbevar rester af popcorn, tæt tildækket, på et køligt, tørt sted i op til 1 uge.

37. Butterscotch Brownies A-Poppin

INGREDIENSER:

- 1 kop mørkbrunt sukker, fast pakket
- $\frac{1}{4}$ kop vegetabilsk olie
- 1 æg
- 1 tsk vanilje
- $\frac{3}{4}$ kop fintmalede, poppede popcorn
- 1 tsk bagepulver
- $\frac{1}{2}$ tsk salt

INSTRUKTIONER:

a) Forvarm ovnen til 350? F (177°C). Smør en 8-tommers firkantet bradepande.
b) I en stor skål røres brun farin, olie og æg sammen, indtil det er glat.
c) Bland nødder og vanilje i.
d) Bland malede popcorn, bagepulver og salt sammen.
e) Tilsæt til olieblandingen, omrør godt.
f) Fordel jævnt i den smurte pande.
g) Bages i 20 minutter eller indtil brunet.
h) Skær i firkanter, mens de er varme.
i) Giver 16 brownies.

38. Butterscotch Popcorn Crunch

INGREDIENSER:
- ½ kop upoppede popcorn
- 1 kop lys brun farin pakket
- ½ kop let majssirup
- ½ kop smør
- ¼ kop Butterscotch chips
- 1 tsk vaniljeekstrakt
- ½ tsk bagepulver
- ¼ tsk salt
- 2 kopper ristede valnødder

INSTRUKTIONER:

a) Opvarm ovnen til 250. Smør en 14x10 tommer bradepande. Pop popcornene.

b) Kom nødder og popcorn i en meget stor skål. Bring brun farin, majssirup og smør i kog, under omrøring, indtil sukkeret er opløst.

c) Reducer varmen og kog i 5 minutter. Fjern fra varmen; rør butterscotch chips, vanilje, natron og salt i, indtil det er blandet og glat. Arbejd hurtigt og brug to træskeer til at hælde sirup over popcorn og nødder, rør for at dække grundigt.

d) Hæld blandingen i gryden; bages i 45 minutter, under omrøring af og til.

e) Fjern fra ovnen, afkøl blandingen i gryden omkring 15 minutter. Vend blandingen ud af panden på folie for at køle helt af.

f) Bræk popcorn i mindre stykker; opbevares i lufttætte beholdere på et køligt og tørt sted i op til 2 uger. Gør omkring 4 liter.

39. Cajun Popcorn

INGREDIENSER:

- ½ kop smør, smeltet
- 2 tsk paprika
- 2 tsk citronpeberkrydderi
- 1 tsk salt
- 1 tsk hvidløgspulver
- 1 tsk Løgpulver
- ¼ teskefuld Kværnet rød peber
- 20 kopper popcorn

INSTRUKTIONER:

a) Forvarm ovnen til 300. I en lille skål kombineres margarine, paprika, citronpeber, salt, hvidløgspulver, løgpulver og rød peber.

b) Placer popcorn i en stor bradepande; hæld smørblandingen over popcorn og rør, indtil det er godt dækket. Bag i 15 minutter, omrør hvert 5. minut.

c) Fjern fra ovnen; helt cool. Opbevares i en lufttæt beholder.

d) Poppede majs tager op til 37 gange så meget plads som upoppede majs

40. Candy æble popcorn bolde

INGREDIENSER:

- 2 spsk Smør
- 2 spsk sukker
- 2 spsk brun farin
- $\frac{1}{4}$ kop melasse
- $\frac{1}{4}$ kop hvid majssirup
- $\frac{1}{4}$ teskefuld kanel
- $\frac{1}{8}$ tsk ingefær
- ds Nellike
- $\frac{1}{2}$ kop popcorn; poppede
- 1 kop valnødder; hakke, ristet
- 1 kop tørrede æbler; skæres småt

INSTRUKTIONER:

a) Kom smør, sukker, brun farin, melasse, majssirup, kanel, ingefær og nelliker i en tyk gryde.
b) Kog over moderat varme til 280~ på et sliktermometer.
c) Hæld de poppede majs, valnødder og æbler over. Form til kugler.

41. Karamel popcorn

INGREDIENSER:
- 2 kopper brun farin
- ½ kop mørk majssirup
- 1 kop smør
- 1 tsk vaniljeekstrakt
- 1 pakke Fløde tatar
- Salt efter smag
- ½ tsk bagepulver
- 8 liter popcorn; poppede

INSTRUKTIONER:
a) Kom sukker, sirup og smør i en gryde.
b) Bring i kog og kog i 5 minutter.
c) Fjern fra varmen og tilsæt vanilje, creme af vinsten, salt og natron.
d) Rør indtil den bliver lysere i farven og øger i volumen.
e) Hæld blandingen over popcornene og vend for at blande.
f) Læg i en bradepande.
g) Bages ved 200 grader i 1 time under omrøring 2 eller 3 gange.
h) Hæld på vokspapir og adskil til afkøling.
i) Gør 8 liter.

42. Cheddar popcorn

INGREDIENSER:

- ⅔ c Upoppede popcorn
- ⅓ c Smør
- 1 kop fintrevet cheddarost
- salt og peber efter smag

INSTRUKTIONER:

a) Pop popcornene. Smelt smørret.
b) Kværn lidt peber i smørret. Røre rundt.
c) Læg osten i popcornene.
d) Hæld smørblandingen ovenpå, og salt.

43. Kirsebær popcorn

INGREDIENSER:
- 2½ liter luftpoppede popcorn Spray med smørsmag
- 1 pakke gelatine med kirsebærsmag

INSTRUKTIONER:

a) Kom popcorn i en meget stor skål og sprøjt let med olie med smørsmag.

b) Drys med gelatine. Sæt i en 350 grader varm ovn i fem minutter.

c) Gelatine vil opløses lidt og holde sig til popcornene.

44. Kylling popcorn

INGREDIENSER:
- 2-½ spsk smør
- 1 tern kyllingebouillon
- 2 liter popcorn
- Salt efter smag

INSTRUKTIONER:

a) Smelt smør ved lav varme. Opløs bouillonterningen i smeltende smør.

b) Dryp over popcorn. Tilsæt salt efter smag. Giver 2 liter.

45. Chili popcorn

INGREDIENSER:
- 1 tsk salt
- 1 tsk chilipulver
- ½ tsk hvidløgspulver
- 1 tsk stødt spidskommen
- 1 spsk tørrede løgflager
- Cayennepeber efter smag
- ½ kop popcorn
- Smør efter smag

INSTRUKTIONER:
a) Bland salt, chilipulver, hvidløgspulver, spidskommen, løgflager og cayenne og bland godt.
b) Brug en eller to teskefulde per ½ kop majs, poppet med smør.
c) Hvad har ører, men kan ikke høre?
d) En stilk (popping) majs.

46. Kinesisk Popcorn Delight

INGREDIENSER:
- 2 ½ liter poppede popcorn
- 1 kop Chow Mein nudler, valgfri
- ½ kop jordnødder
- ⅓ kop jordnøddeolie
- 2 spsk sojasovs
- 1 tsk fem-krydderi pulver
- ½ tsk hvidløgspulver
- ½ tsk sesamsalt eller salt
- ½ tsk malet ingefær
- ¼ tsk cayennepeber
- ⅛ teskefuld sukker

INSTRUKTIONER:
a) Hold popcorn, nudler og peanuts varme.
b) Bland de øvrige ingredienser sammen og bland grundigt.
c) Hæld langsomt over popcornblandingen, vend for at blande.
d) Hæld i en stor bradepande. Opvarm i en 300 grader Fahrenheit ovn i 5-10 minutter under omrøring én gang.

47. Chokoladecreme popcorn

INGREDIENSER:

- 2 liter poppet majs
- 1 kop sukker
- ½ kop vand
- ⅓ c Majssirup
- ¼ tsk salt
- 3 spsk margarine
- ⅓ c Chokoladestykker
- 1 tsk vaniljeekstrakt

INSTRUKTIONER:

a) Smør let en stor skål; læg poppede majs i den. I en gryde blandes sukker, vand, majssirup og salt.
b) Kog over moderat varme til 240 grader F.
c) Tilsæt margarine; når det er smeltet; tilsæt chokolade. Rør vanilje i.
d) Hæld langsomt varm sirup over poppede majs, under konstant omrøring med to gafler.
e) Fortsæt med at røre, indtil majsen er dækket, og siruppen mister sin glans.
f) Når blandingen er afkølet; opbevares i tæt tildækkede beholdere.

48. Chokoladeglaserede popcornfirkanter

INGREDIENSER:
- 1 pk Mikroovn popcorn poppet
- 2 spsk Smør
- 10 ½ ounce mini skumfiduser
- ¼ kop chokolade klar til smøring - frosting
- ½ kop saltede jordnødder
- ⅓ c Chokolade klar til smøring - frosting

INSTRUKTIONER:
a) Smør en 9x13 tommer pande.
b) Fjern og kassér upoppede kerner fra popcorn.
c) Placer smør i en 4 liter mikroovnsskål.
d) Mikrobølgeovn, utildækket, på HIGH, i ca. 30 sekunder, eller indtil smeltet.
e) Rør skumfiduser og frosting i, indtil skumfiduserne er dækket.
f) Mikrobølgeovn, uden låg, 2-3 minutter, omrør hvert minut, lige indtil blandingen er glat.
g) Vend peanuts og popcorn i, indtil de er dækket.
h) Tryk blandingen i gryden.
i) Smør med chokoladeglasur; fedt nok.
j) Skær i stænger.
k) CHOKOLADE GLASUR: Placer klar til at smøre frosting i en lille skål til mikroovn.
l) Mikrobølgeovn, på HIGH, ca. 30 sekunder eller indtil lige smeltet.

49. Kanel æble popcorn

INGREDIENSER:

- 2 kopper hakkede tørrede æbler
- 10 kopper popcorn
- 2 kopper Pecan halve
- 4 spsk smeltet smør
- 1 tsk kanel
- $\frac{1}{4}$ tsk Muskatnød
- 2 spsk brun farin
- $\frac{1}{4}$ teskefuld vaniljeekstrakt

INSTRUKTIONER:

a) Forvarm ovnen til 250 grader. Læg æbler i en stor, lav bradepande. Bages i 20 minutter. Tag gryden ud af ovnen og rør popcorn og nødder i.

b) I en lille skål kombineres de øvrige ingredienser.

c) Dryp smørblandingen over popcornblandingen, rør godt rundt. Bag i 30 minutter, omrør hvert 10. minut.

d) Hæld på vokspapir til afkøling. Opbevares i en lufttæt beholder.

e) Gør 14 kopper blanding.

50. CocoaPop Fudge

INGREDIENSER:

- 2 kopper sukker
- 2 firkanter usødet chokolade
- $\frac{1}{4}$ kop sødet kondenseret mælk
- $\frac{3}{4}$ kop vand
- $1\frac{1}{2}$ kopper poppet majs, hakket
- 1 spsk Smør
- Vanilje
- $\frac{1}{8}$ tsk salt

INSTRUKTIONER:

a) Smelt chokolade i gryde. Tilsæt sukker, mælk, vand, smør og salt.
b) Kog til blød kuglestadie (234 - 238 F). Fjern fra ilden. Tilsæt smag og poppede majs.
c) Afkøl til stuetemperatur. Rør til det er cremet. Hæld i en godt smurt, lav gryde. Skær i firkanter.

51. Kokos pecan popcorn

INGREDIENSER:
- 16 kopper Popcorn
- 1 pakke Kokos-pecan frosting mix
- $\frac{1}{2}$ kop smør
- $\frac{1}{4}$ kop let majssirup $\frac{1}{3}$ kop vand
- $\frac{1}{2}$ tsk salt
- $\frac{1}{2}$ tsk bagepulver

INSTRUKTIONER:
a) Opvarm ovnen til 200 F. Fordel popcorn mellem 2 usmurte rektangulære pander. Opvarm frostingblandingen (tør), margarine, majssirup, vand og salt under omrøring af og til, indtil den bobler rundt om kanterne.

b) Fortsæt med at koge ved middel varme i 5 minutter, mens du rører af og til. Fjern fra varmen. Rør bagepulver i, indtil det er skummende.

c) Hæld popcorn over. Rør indtil godt belagt. Bag i 1 time, omrør hvert 15. minut. Opbevares i en lufttæt beholder. Giver 16 kopper.

52. Kokos popcorn tærte

INGREDIENSER:

- 2 liter poppede popcorn, usaltede
- 1 dåse (4 ounce) kokosnød i flager, ristet
- 1 kop sukker
- 1 kop lys majssirup
- $\frac{1}{2}$ kop smør
- $\frac{1}{4}$ kop vand
- 2 teskefulde salt
- 1 tsk vanilje
- 1 liter vanilje, spumoni eller smør pecan-is
- Sødet frisk eller optøet frossen frugt eller chokoladesauce

INSTRUKTIONER:

a) Bland popcorn og kokos i en stor smurt skål.

b) Kom sukker, sirup, smør eller margarine, vand og salt i en gryde.

c) Bring det i kog ved svag varme under omrøring, indtil sukkeret er opløst. Fortsæt med at lave mad, indtil siruppen når det hårde crack-stadium (290-295 grader Fahrenheit). Rør vanilje i.

d) Hæld sirup i en fin stråle over popcornblandingen; rør, indtil partiklerne er jævnt belagt med sirup.

e) Vend halvdelen af popcornblandingen på smørret 12-tommers pizzapande; fordeles i et tyndt lag, der dækker bunden af gryden.

f) Marker af i kileformede portioner. Gentag med den resterende popcornblanding; fedt nok. Dæk det ene lag med is; top med andet popcorn lag.

g) Opbevares i fryseren. Til servering skæres i tern.

h) Server almindelig eller med ønsket frugt eller sauce.

53. Sprækker

INGREDIENSER:
- 1 kop melasse
- 1 kop sukker
- 3 liter poppede majs
- ½ tsk salt
- 1 spsk Smør Smelt smør.

INSTRUKTIONER:

a) Tilsæt sukker, salt og melasse. kog til hårdt crack-stadiet (285 - 290 F).

b) Hæld majs over, rør rundt, mens du hælder. Fordel i et tyndt lag til afkøling.

c) Bryd i stykker.

54. Tranebær popcorn bolde

INGREDIENSER:
- 2 kopper sukker
- 1 kop frossen tranebær-appelsin relish
- $\frac{1}{2}$ kop tranebærjuice
- $\frac{1}{2}$ kop lys majssirup
- 1 tsk eddike $\frac{1}{2}$ tsk salt
- 5 liter usaltede poppede popcorn

INSTRUKTIONER:
a) Bland alle ingredienser, undtagen popcorn, i en tyk gryde. Bring i kog; sænk varmen og kog til 250 grader Fahrenheit på et sliktermometer. Blandingen vil boble op i gryden, så pas på, så den ikke koger over. Hæld langsomt på varme popcorn og bland til det er godt dækket. Lad stå i 5 minutter eller indtil blandingen nemt kan formes til kugler. Smør hænder og form til 3-tommer kugler.

55. Karry Parmesan Popcorn

INGREDIENSER:

- ½ kop smør, smeltet
- ⅓ c revet parmesanost
- ½ tsk salt
- ¼ tsk karrypulver
- 12 kopper popcorn (allerede poppet)

INSTRUKTIONER:

a) Bland margarine, ost, salt og karrypulver.
b) Hæld popcorn over; smid væk.

56. Berusede popcornkugler

INGREDIENSER:
- 2 liter popcorn
- $\frac{1}{2}$ kop tør whisky sour mix (2 pakker individuel drink mix)
- $\frac{1}{2}$ kop sukker
- $\frac{1}{4}$ tsk salt
- $\frac{1}{4}$ kop lys majssirup
- $\frac{1}{2}$ kop vand
- $\frac{1}{2}$ tsk eddike

INSTRUKTIONER:
a) Forvarm ovnen til 250. Placer popcorn i en stor 4 tommer dyb smurt bradepande. Hold varmen i overskud.
b) Bland de øvrige ingredienser i en stor gryde. Kog indtil blandingen når 250 på et sliktermometer. Fjern popcorn fra ovnen. Hæld sirupblandingen over popcorn.
c) Bland godt og form!!

57. Bage med frugtpopcorn

INGREDIENSER:
- 7 kopper kogte popcorn
- 1 kop pecan stykker
- $\frac{3}{4}$ kop kandiserede røde kirsebær skåret i stykker
- $\frac{3}{4}$ kop brun farin pakket
- 6 spsk Smør
- 3 spsk lys majssirup
- $\frac{1}{4}$ teskefuld bagepulver
- $\frac{1}{4}$ teskefuld vanilje

INSTRUKTIONER:

a) Fjern alle upoppede kerner fra popcorn. Kombiner popcorn, pekannødder og kirsebær i en 17x12x12 tommer bradepande. I en 1 liter gryde kombineres brun farin, smør og majssirup.

b) Kog og rør ved middel varme, indtil smørret smelter og blandingen koger. Kog ved lav varme i 5 minutter mere.

c) Fjern fra varmen. Rør bagepulver og vanilje i.

d) Hæld blandingen over popcorn; omrør forsigtigt for at dække popcornblandingen.

e) Bages i 300~ ovn i 15 minutter; røre rundt.

f) Bag 5-10 minutter mere. Fjern popcorn til en stor skål, afkøl

58. Frugtfulde popcorn cookies

INGREDIENSER:
- 1 kop fint malet poppet majs
- 1 kop sukker
- 1 kop fint skåret tørret frugt, enhver slags
- ½ kop smeltet fedtstof
- ¼ kop sødet kondenseret mælk
- ¼ kop vand
- 1 æg, godt pisket
- 1 kop mel
- 1 kop majsmel
- 1 tsk salt
- 1½ tsk Muskatnød
- 4ts bagepulver

INSTRUKTIONER:
a) Sigt mel, mål og sigt med bagepulver, muskatnød, salt og majsmel. Kombiner afkortningssukker. Tilsæt æg.
b) Tilsæt mælk og vand. Bland grundigt. Tilsæt melblanding, poppet majs og tørret frugt.
c) Bland grundigt. Vend ud på et let meldrysset bord. Rul i ark ⅓ tomme tykt. Skær med en meldrysset fræser. Læg på en let olieret bageplade. Bages i en varm ovn (425 F) i 10-12 minutter.

59. Hvidløg Cheddar Popcorn Kugler

INGREDIENSER:
- 50 fed friske hvidløg
- 2 tsk salt
- 4 c revet cheddarost
- 5 liter poppede majs

INSTRUKTIONER:

a) Pil hvidløg og hak det med salt for at undgå at klæbe og for at absorbere hvidløgssaft. Vend hvidløg med ost. I en stor glas- eller plastikskål laver du skiftevis lag af poppet majs og hvidløg-ostblanding, og overtræk popcorn så jævnt som muligt, især i kanten af skålen.

b) Sæt i en mikrobølgeovn og kog i 1 minut. Ryst skålen forsigtigt; drej 180 grader og kog 1 minut mere. Må ikke overkoges. Vend straks ud på bagepapir, og form hurtigt kugler i blommestørrelse. Sæt kugler på plader af vokspapir. Laver 4 dusin popcornkugler.

60. Gyldne Popcorn Firkanter

INGREDIENSER:
- 2 kopper sukker
- $\frac{1}{2}$ kop sirup light
- 1 kop varmt vand
- $\frac{1}{4}$ tsk salt

INSTRUKTIONER:

a) Kog til blød kuglestadie. Tilsæt vanilje og citronsaft.

b) Hæld over 5 liter popcorn, opvarmet med 1 kop jordnødder eller 1 kop valnøddekød.

c) Dæk med varm sirup.

d) Bland og fordel. Skæret i firkanter.

61. Granola Crunch Popcorn

INGREDIENSER:
- ¼ kop smør
- 3 spiseskefulde honning
- 3 spsk brun farin
- ½ kop popcorn
- 1 kop ristede nødder
- 1 kop havregryn
- 1 kop ristet kokosnød
- 1 kop rosiner

INSTRUKTIONER:

a) Kom smør, honning og brun farin i en tyk gryde.

b) Kog over moderat varme, indtil det er smeltet.

c) Hæld de poppede majs, nødder, havre, kokos og rosiner over.

d) Bages ved 300~ i 30 minutter.

62. Granola popcorn barer

INGREDIENSER:
- 2 liter popcorn
- 1 kop honning
- 2 kopper Havre
- 1 kop rosiner
- ½ c hakkede dadler
- 1 kop hakkede tørre ristede jordnødder

INSTRUKTIONER:

a) Varm honning op i en gryde, indtil den tynder ud og hælder let.

b) Kom popcorn, havre, rosiner og nødder i en stor skål og bland indtil det er blandet.

c) Hæld honning over blandingen og rør rundt med en træske.

d) Tryk i en smurt 9x13 tommer gryde, dæk med plastfolie og køl af i flere timer. Tryk blandingen godt sammen, før den skæres i stænger.

e) Gør 12.

63. Høst / Efterår Popcorn

INGREDIENSER:

- ⅓ kop smeltet smør
- 1 tsk tørret dildukrudt
- 1 tsk citronpebermarinade
- 1½ tsk Worcestershire sauce
- ½ tsk løgpulver
- ½ tsk hvidløgspulver
- ½ tsk salt
- 2 liter poppede popcorn
- 2 kopper slyngede kartofler
- 1 kop blandede nødder

INSTRUKTIONER:

a) Kombiner de første 7 ingredienser og bland godt. Tilføj andre ingredienser.

b) Kast/ryst, indtil det er godt blandet.

c) Fordel på en bageplade.

d) Bages i en forvarmet ovn ved 350°C i 6-10 minutter, eller indtil de er let brune, under omrøring én gang. God fornøjelse!!!

64. Hawaiisk popcornblanding

INGREDIENSER:
- 3 kopper honning graham korn
- 1 kop saltede jordnødder
- 1 kop rosiner
- 1 kop tørrede bananchips
- 2 spsk margarine eller smør
- 2 spsk honning
- ½ tsk kanel
- ¼ tsk salt
- 4 kopper popcorn
- 1 kop flaget kokosnød

INSTRUKTIONER:
a) Forvarm ovnen til 300F.

b) Bland korn, peanuts, rosiner og bananchips i en gelérullepande.

c) Varm margarine og honning op i en gryde ved svag varme, indtil margarinen smelter.

d) Rør kanel og salt i. Hæld kornblandingen over.

e) Kast indtil jævnt belagt. Bages i 10 minutter under omrøring én gang. Rør popcorn og kokos i.

f) Drys med yderligere salt, hvis det ønskes. Opbevares i en lufttæt beholder. Giver 10 kopper.

65. Heavenly Hash Popcorn

INGREDIENSER:
- ¼ kop smør
- 1 kop chokoladechips
- 1 kop ristede pekannødder
- 6 kopper poppede popcorn
- 4 kopper miniature skumfiduser

INSTRUKTIONER:
a) Kom smør, chokolade og pekannødder i en tyk gryde.

b) Kog over moderat varme, indtil det er smeltet, og rør jævnligt for at forhindre, at det brænder på. Hæld de poppede majs og skumfiduser over.

c) Rør grundigt. Fordel på en smurt bageplade og stil på køl til afkøling.

d) For variationer, kan du ønske at erstatte butterscotch-bidder eller bruge bitter chokolade. Hvide chokoladestykker i stedet for chips giver et smukt hvidt slik, som kan farves og formes til formede kageforme. Yoghurt slikbelægning kan også bruges til en mere pikant smag.

66. Ferie popcorn bolde

INGREDIENSER:
- ½ pt Karo sirup
- 1 ½ pkt brun farin
- 2 spsk Smør
- 1 tsk Eddike
- ½ tsk bagepulver
- Omkring 6 liter popcorn

INSTRUKTIONER:

a) Opvarm blandingen, indtil den stivner, når den falder i vand.

b) Flyt til bagsiden af komfuret, tilsæt bagepulver opløst i 1 T. vand, og hæld fransk popcorn over.

c) Vil lave omkring 3 dusin kugler.

67. Honning Pecan Popcorn

INGREDIENSER:
- 3 liter poppede popcorn (ingen kerner)
- 2 kopper halve pekannødder
- $\frac{1}{2}$ kop honning
- $\frac{1}{2}$ kop smør eller margarine
- 1 tsk vanilje

INSTRUKTIONER:
a) Forvarm ovnen til 350 grader F.
b) Kombiner popcorn og nødder i en stor varmefast skål; sæt til side.
c) Kom smør, honning og vanilje i en lille gryde.
d) Kog over medium varme, indtil smørret smelter.
e) Hæld honningblandingen over popcornblandingen.
f) Rør indtil kombineret. Fordel blandingen og læg den på 2 bageplader.
g) Bages 15 minutter, omrør hvert 5. minut, indtil lys gyldenbrun.

68. Varm sennebs popcorn

INGREDIENSER:
- 2 liter popcorn poppet i $\frac{1}{4}$ kop olie
- 1 tsk sennep (tør)
- $\frac{1}{2}$ tsk timian
- $\frac{1}{4}$ tsk malet sort peber

INSTRUKTIONER:

a) Hold popcorn varme.

b) Bland krydderier sammen.

c) Tilsæt til poppede popcorn og bland grundigt.

69. Ice Cream Popcornwiches

INGREDIENSER:

- 2 ½ liter poppede popcorn
- 1¼ kop lys brun farin
- ¾ kop mørk majssirup
- ½ kop smør
- 1 spsk eddike
- ½ tsk salt
- 16-ounce pakke chokoladestykker
- ½ kop hakkede valnødder
- 2 pints vaniljeis i murstensstil.

INSTRUKTIONER:

a) Hold popcorn varme. Kombiner brun farin, majssirup, smør, eddike og salt i en tre-quart gryde. Kog og rør, indtil sukkeret er opløst.

b) Fortsæt med at lave mad, indtil den hårde kuglefase (250 grader Fahrenheit på sliktermometer). Hæld sirup over poppede popcorn; rør til belægning.

c) Tilføj chokoladestykker og nødder; rør bare for at blande. Hæld i to 13 x 9 x 2 tommer pander, spred og pak fast.

d) Fedt nok. I hver gryde skæres 12 rektangler. Skær hver pint is i 6 skiver. Sandwichis mellem to popcornrektangler.

70. Jamaicansk popcorn

INGREDIENSER:

- 3 spsk Smør
- 1 spsk stødt spidskommen
- 1 spsk sukker
- ½ spsk Tørrede røde peberflager
- 8 c Poppede majs

INSTRUKTIONER:

a) I en tung gryde smeltes smør over honning. varme.
b) Bland andre ingredienser undtagen popcorn.
c) Kog under konstant omrøring, indtil sukkeret er opløst.
d) Hæld popcorn over; smid for at belægge jævnt.
e) Server med det samme.

71. Jelly Bean Popcorn Heaven

INGREDIENSER:
- 6 - 8 kopper popcorn
- 1 krukke (7 ounce) skumfiduscreme
- ½ kop jordnøddesmør
- 1 kop små gelébønner

INSTRUKTIONER:
a) Bland skumfiduscreme og jordnøddesmør i en stor skål.
b) Rør popcorn og gelébønner i, indtil de er jævnt belagte.
c) Tryk blandingen ind i en smurt 9-tommers firkantet bradepande.
d) Stil på køl, indtil den er stivnet, cirka 4 timer. Skær i firkanter.

72. Jungle popcorn

INGREDIENSER:
- 8 kopper popcorn
- ½ kop honning
- ½ kop smør
- 1 tsk kanel
- 1 lille æske dyrekiks

INSTRUKTIONER:

a) Forvarm ovnen til 300 grader. Læg popcorn i en stor smurt bradepande. Smelt honning, smør og kanel i en lille gryde ved svag varme. Dryp honningblandingen over popcorn. Rør for at belægge grundigt.

b) Bag 10 til 15 minutter, omrør hvert 5. minut.

c) Fjern fra ovnen. Læg i en stor skål og afkøl. Smid dyrekiks i.

d) Mikrobølgemetode: Placer honning, smør og kanel i et 2-kopps glasmål. Mikroovn på høj, indtil smeltet. Fortsæt som ovenfor.

73. Kemtuky Praline Popcorn

INGREDIENSER:

- 4 liter Popcorn letsaltet
- 2 kopper hakkede pekannødder
- $\frac{3}{4}$ kop smør
- $\frac{3}{4}$ kop brun farin

INSTRUKTIONER:

a) Bland popcorn og pekannødder i en stor skål eller steger.

b) Kom smør og farin i en gryde. Varm popcornblandingen under omrøring.

c) Bland godt til belægning.

74. Kiddie Popcorn Crunch

INGREDIENSER:
- 1 kop pulveriseret sukker
- 3 spsk vand
- 1 spsk Smør
- Et skvæt salt
- 2-3 dråber madfarve

INSTRUKTIONER:

a) Bland ingredienserne til en blød kugle (225 F) på sliktermometer.

b) Hæld en omgang popcorn over (ca. 8-10 kopper), bland hurtigt og godt.

c) Hvis du koger for meget, får den en mere grynet sukkerkonsistens.

75. Citron popcorn

INGREDIENSER:
- $\frac{1}{4}$ kop majsolie
- $\frac{3}{4}$ kop Popping majs
- Skal af 1 citron
- Salt
- 2 spsk citronsaft
- 2 spsk smeltet smør

INSTRUKTIONER:
a) I en stor tyk gryde varmes majsolie op ved høj varme, indtil olien ryger. Tilsæt 1 majskerne og opvarm indtil kernen springer.

b) Tilsæt resten af majs, læg låg på gryden og ryst forsigtigt, indtil majs begynder at poppe. Ryst kraftigt, indtil poppingen aftager.

c) Fjern fra varmen. Bland citronsaft med smeltet smør.

d) Vend popcorn med citronskal, salt og smør/citronsaft.

76. Lakrids popcorn

INGREDIENSER:
- 16 kopper Popcorn
- 1 kop sukker
- $\frac{1}{4}$ kop brun farin
- $\frac{1}{4}$ kop vand
- $\frac{1}{2}$ kop let majssirup
- $\frac{1}{4}$ kop smør
- $\frac{1}{2}$ tsk bagepulver
- $\frac{1}{2}$ tsk anisekstrakt
- 1 spsk sort madfarve

INSTRUKTIONER:

a) Placer popcorn i en stor smurt bradepande. Kom sukker, vand og majssirup i en tyk pande over medium varme og rør rundt.

b) Efter blandingen er kogt, skrab siderne af gryden.

c) Placer et sliktermometer i gryden og kog uden yderligere omrøring til 250 F. Fjern gryden fra varmen og rør smør, bagepulver, anisekstrakt og madfarve i.

d) Hæld over popcorn, bland godt. Bages uden låg i 1 time, under omrøring af og til. Når det er afkølet, opbevares det i lufttætte beholdere.

77. LolliPopcorn overraskelse

INGREDIENSER:
- 7 c Poppede majs
- 3 c Miniature skumfiduser
- 2 spsk Smør
- $\frac{1}{4}$ tsk salt
- Madfarve
- 8 slikkepinde

INSTRUKTIONER:
a) Mål poppede majs i en stor, smurt skål.
b) Opvarm skumfiduser, smør og salt ved lav varme, omrør ofte, indtil de er smeltet og glat.
c) Tilføj madfarve.
d) Hæld over poppede majs og vend forsigtigt.
e) Form rundt om slikkepinde til 3 tommer kugler.

78. Mac-Corn-Roon Cookies

INGREDIENSER:
- 1 kop popcorn (fjern alle hårde kerner)
- 1 kop finthakkede valnødder
- 3 æggehvider
- 1 kop pulveriseret sukker
- $\frac{3}{4}$ teskefuld vanilje

INSTRUKTIONER:

a) Kom popcorn i blender og hak fint. Kom i en skål med nødder.

b) Pisk æggehvider til skum, tilsæt derefter sukker og pisk til det er stivt.

c) Blend vanilje i og bland forsigtigt med popcorn og nødder.

d) Drop for ske på en let olieret bageplade. Bages i en forvarmet 300 graders ovn i 30 til 35 minutter.

79. Maple Corn Squares

INGREDIENSER:
- 1 kop ahorn eller brunt sukker
- $\frac{1}{4}$ kop ahornsirup
- $\frac{1}{2}$ kop vand
- 1 tsk salt
- 1 spsk Smør
- 1 liter poppet majs

INSTRUKTIONER:

a) Kog sukker, sirup, vand og salt til 280 grader (skørt).

b) Tilsæt smør og kog langsomt til 294 grader.

c) Imens males poppede majs groft gennem en kødhakker eller hakkes fint.

d) Når siruppen er kogt, tages den af varmen og popcorn røres i. Hæld på en smurt gelérullepande.

e) Rul med en olieret kagerulle. Skær i firkanter eller stænger.

80. Marshmallow Creme Popcorn

INGREDIENSER:
- 8 kopper poppede popcorn
- 1 kop puffede riskorn
- 3 spsk smør
- 7-ounce krukke skumfiduscreme

INSTRUKTIONER:

a) Kombiner popcorn og korn i en stor, smurt skål. Smelt smør i en mellemstor gryde ved lav varme. Fjern fra varmen. Rør skumfiduscreme i. Hæld popcornblandingen over. Rør for at dække jævnt. Tryk blandingen ind i en smurt 9-tommers firkantet bradepande. Afkøl indtil fast, omkring fire timer. Skær i stænger.

81. Svampepopcorn

INGREDIENSER:

- ½ kop smør
- 1 spsk tørrede løgflager
- 1 spsk tørrede peberfrugtflager
- Flere tørrede svampe skåret små
- ½ kop popcorn
- Salt

INSTRUKTIONER:

a) Smelt smørret i en tung gryde. Tilsæt løgflager, peberfrugtflager og tørrede svampe. Rør ved moderat varme i et par minutter. Hæld de poppede majs over. Tilsæt salt.

82. Nacho Popcorn

INGREDIENSER:
- 3 liter popcorn
- 2 kopper majschips
- ¼ kop smør
- 1½ tsk mexicansk krydderi
- ¾ kop ost, taco, strimlet

INSTRUKTIONER:

a) Opvarm ovnen til 300 F. Spred popcorn og majschips i en lav bradepande foret med folie. Smelt smør i en lille gryde. Rør mexicansk krydderi i. Hæld popcornblandingen over og vend godt rundt.

b) Drys med ost og vend for at blande. Bag 5 til 7 minutter, indtil osten er smeltet.

c) Server med det samme.

83. Orange kandiserede popcorn

INGREDIENSER:
- ⅔ kop appelsinjuice
- 1 ¼ kop sukker
- ⅛ kop Hvid majssirup
- 1 appelsin; skorpe af revet
- ½ kop popcorn

INSTRUKTIONER:

a) Kom appelsinjuice, sukker, majssirup og skal i en tyk gryde.

b) Kog over moderat varme til 280~ på et sliktermometer.

c) Hæld over poppede majs.

84. Parmesan purløg popcorn

INGREDIENSER:
- ⅔ c Popcorn
- ⅓ c Smør
- ½ kop frisk purløg
- 1 kop fintrevet parmesanost
- salt og peber

INSTRUKTIONER:

a) Pop popcornene. Smelt smørret. Kværn peberen i smørret, (så meget du vil).

b) Hak purløget og drys ovenpå popcornene sammen med revet ost.

c) Dryp smørblandingen over popcorn og salt.

85. Peanut Butter Popcorn

INGREDIENSER:

- 2 Quarts poppet majs
- ½ kop sukker
- ½ kop let majssirup
- ½ kop jordnøddesmør
- ½ tsk vanilje

INSTRUKTIONER:

a) Bland sukker og majssirup.
b) Kog til rullende kog.
c) Fjern fra varmen.
d) Tilsæt jordnøddesmør og vanilje.
e) Rør indtil jordnøddesmør er smeltet.
f) Hæld popcorn over og rør, indtil de er godt dækket.

86. Peanut Butter Popcorn kopper

INGREDIENSER:

- 2 liter poppet popcorn
- 1 kop lys majssirup
- ¾ kop cremet jordnøddesmør
- ¼ kop halvsøde chokoladestykker
- Små jordnøddesmørkopper, chokoladestjerner, mini-slikovertrukne chokolader, slikovertrukne jordnødder

INSTRUKTIONER:

a) Læg poppede popcorn i en stor skål. Varm majssirup op i en lille gryde til kogning; kog 3 minutter.

b) Fjern fra varmen. Rør jordnøddesmør og chokoladestykker i, indtil de er næsten glatte. Hæld sirupblandingen over popcorn; smid godt til belægning.

c) Lad afkøle cirka 8 minutter.

d) Brug en dyngede spiseske til at forme popcornblandingen til en kugle.

e) Flad let og lav en fordybning i midten med tommelfingeren.

f) Læg på en let smurt bageplade beklædt med vokspapir. Fyld hvert center med ønsket topping.

g) Opbevares i en tæt dækket beholder.

87. Pebermynte Candy Popcorn

INGREDIENSER:
- ½ kop vand
- 1 kop sukker
- 3/8 kop hvid majssirup
- 1 spsk Smør
- Olie af pebermynte
- 2 dråber madfarve
- ½ kop popcorn - poppet

INSTRUKTIONER:

a) Kom vand, sukker, majssirup og smør i en tyk gryde.

b) Kog over moderat varme til 280~ på et sliktermometer.

c) Tilsæt olien efter smag og madfarven.

d) Rør godt rundt og hæld de poppede majs over.

88. Peberrige popcorn

INGREDIENSER:

- 2 spsk majsolie
- 2 fed hvidløg, delt
- Salt
- Jord peber
- 2 spsk Smør, smeltet
- 2 spsk olivenolie
- ¾ kop Popping majs
- 1 fed hvidløg, hakket
- ¼ tsk cayennepeber
- ¼ kop varm pebersauce

INSTRUKTIONER:

a) I en stor tyk gryde varmes majsolie og olivenolie op ved høj varme, indtil olien ryger.
b) Tilsæt 1 majskerne og opvarm indtil kernen springer.
c) Tilsæt delte fed hvidløg og resten af majs, læg låg på gryden og ryst forsigtigt, indtil majs begynder at poppe.
d) Ryst kraftigt, indtil poppingen aftager.
e) Fjern fra varmen. Fjern hvidløg.
f) Bland varm pebersauce med smeltet smør.
g) Vend popcorn med hakket hvidløg, cayennepeber, sort peber, salt og varm peber/smør.

89. Pesto popcorn

INGREDIENSER:
- 5 liter poppede popcorn
- ½ kop smeltet smør
- 1 spsk tørrede basilikumblade, knust
- 1 tsk tørret persille, knust
- 1 tsk hvidløgspulver
- ⅓ kop parmesanost
- ½ kop pinjekerner

INSTRUKTIONER:

a) Kom poppede popcorn i en stor skål og hold dem varme.

b) I en lille gryde smeltes smørret; tilsæt basilikum, persille, hvidløg, parmesanost og nødder. Rør for at blande.

c) Hæld over poppede popcorn, rør godt.

90. Pina Colada Popcorn

INGREDIENSER:
- 8 c Popcorn
- 2 spsk Smør
- ⅓ c Let majssirup
- ¼ kop instant kokosflødebudding
- ¾ tsk romekstrakt
- ½ kop Tørret eller kandiseret ananas i tern
- ½ kop kokos, ristet

INSTRUKTIONER:

a) For at riste kokos, spred kokos i et tyndt lag på en lav bradepande. Bages i en 250 grader varm ovn i 6 til 7 minutter eller indtil lysebrun, under omrøring ofte.

b) Fjern alle upoppede kerner fra popcorn.

c) Placer poppede popcorn i en smurt 17x12x2-tommer bradepande. Hold popcornene varme i en 300 grader varm ovn, mens du laver overtrækket. Smelt smør eller margarine i en lille gryde.

d) Fjern gryden fra varmen. Rør majssirup, buddingblanding og romekstrakt i. Fjern popcorn fra ovnen.

e) Hæld sirupsblandingen over popcornene. Med en stor ske, slyng forsigtigt popcornene med siruppen til at dække. Bag popcorn uden låg i en 300 grader varm ovn i 15 minutter.

f) Tag popcornene ud af ovnen og rør den tørrede ananas og kokosnødden i.
g) Bag popcornblandingen uden låg i 5 minutter mere.
h) Vend blandingen på et stort stykke folie. Afkøl blandingen helt.

91. Pikante popcorn

INGREDIENSER:

- 2 spsk majsolie
- 2 fed hvidløg, knust
- 1 ½ tomme stykke ingefærrod, skrællet, hakket
- 1 kop Popping majs
- ¼ kop smør
- 2 tsk hot chilisauce
- 2 spsk hakket frisk persille
- Salt efter smag

INSTRUKTIONER:

a) Varm olie op i en gryde.

b) Tilsæt 1 fed presset hvidløg, ingefær og popping majs. Rør grundigt.

c) Dæk til og kog over medium-høj varme i 3-5 minutter, hold låget fast og ryst panden ofte, indtil det stopper.

d) Vend poppede majs på et fad, og kasser eventuelle upoppede majskerner.

e) Smelt smør i en gryde. Rør det resterende fed knust hvidløg og chilisauce i.

f) Kom majs tilbage i gryden og vend godt rundt, indtil det er jævnt dækket med blandingen. Tilsæt persille og salt og rør godt.

g) Vend til et serveringsfad. Serveres varm eller kold.

92. Pizza popcorn

INGREDIENSER:

- 2 spsk revet parmesanost
- 1 tsk hvidløgspulver
- 1 tsk italiensk urtekrydderi
- 1 tsk paprika
- ½ tsk salt
- Peber
- 2 liter varme popcorn

INSTRUKTIONER:

a) I en blender blendes ost, hvidløgspulver, italiensk krydderi, paprika, salt og peber i cirka 3 minutter.

b) Placer popcorn i en stor skål; drys med osteblanding.

c) Kast for at belægge jævnt.

93. Popcorn ala Koolaid

INGREDIENSER:
- 2 kopper sukker
- 1 kop lys majssirup
- ⅔ kop smør
- 2 pakker Kool-Aid (usødet)
- 1 tsk bagepulver
- 6 liter poppede popcorn

INSTRUKTIONER:

a) I en mellemstor gryde kombineres sukker, majssirup og smør.

b) Kog over medium varme, indtil blandingen når et rullende kog; kog 3 minutter. Rør bagepulver og Kool-Aid i.

c) Hæld popcorn over.

d) Bages ved 225 grader i 45 minutter under omrøring hvert 10. minut.

e) Tag ud af ovnen og bryd op med det samme. Hvis du er hurtig, kan popcornene presses i dekorative forme.

94. Popcorn klynger

INGREDIENSER:
- 8 c Poppede majs
- 1 kop sukker
- ⅓ c Let majssirup
- ⅓ c Varmt vand
- ⅛ tsk salt
- ½ tsk vanilje
- 1 pund chokoladeovertræk

INSTRUKTIONER:

a) Mål poppede majs i en stor skål. I en lille gryde kombineres sukker, sirup, vand og salt.

b) Dæk det godt til og bring det i kog.

c) Tag låget af og tilsæt termometer.

d) Kog til 270 grader; fjern fra varmen og rør vanilje i.

e) Hæld kogt sirup over de poppede majs, rør for at belægge majs. Afkøl helt, og kør derefter gennem en madhakker.

f) Smelt chokoladeovertrækket i toppen af dobbeltkedel. Rør malede popcorn i chokolade, og brug så mange popcorn, som chokoladen kan rumme.

g) Pak i chokoladeforede forme eller rul ud mellem vokspapir og skær i forme med småkageudstikkere eller knive. Gør omkring 50 stk.

95. Popcorn Høstakke

INGREDIENSER:
- 1 liter popcorn
- 1 kop jordnødder
- 3 ounce Chow Mein nudler
- 12 ounce chokoladechips

INSTRUKTIONER:

a) Smid poppede majs, peanuts og cm-nudler sammen i en stor skål
b) Sæt til side.
c) Læg chokochips i glasskålen.
d) Mikrobølgeovn på medium høj i 3 min.
e) Hæld popcornblandingen over.
f) Kast indtil godt blandet.
g) Læg en skefuld af den smidde blanding på vokspapir.
h) Afkøl indtil fast.
i) Opbevares i en tæt dækket beholder.

96. Popcorn honningkugler

INGREDIENSER:
- 1 ½ liter usmørt poppet majs, -saltet
- ½ kop brun farin
- ½ kop granuleret sukker
- ¼ kop honning
- ⅓ c Vand
- 1 spsk Smør

INSTRUKTIONER:
a) Sæt poppede majs i ovnen for at holde varmen. Kombiner sukker, honning og vand i en smurt 2-liters tykbundet gryde. varm langsomt op under omrøring, indtil sukkeret er opløst.
b) Kog til fast kuglestadie (248 grader).
c) Tilsæt smør og rør kun nok til at blande. Hæld langsomt sirup over popcorn, vend for at blande. Form til kugler med smurte hænder.
d) Gør omkring 12.

97. Popcorn Italiano

INGREDIENSER:

- 2 spsk Smør
- 1 fed hvidløg, hakket
- ½ tsk tørrede oreganoblade
- 8 c Varme popcorn
- 2 spsk revet parmesanost

INSTRUKTIONER:

a) I en 1 ½ liter gryde over medium høj varme, i varmt smør, kog hvidløg med oregano.

b) I en stor skål, dryp smørblanding over popcorn; smid med ost.

98. Popcorn makroner

INGREDIENSER:

- 3 æggehvider
- Salt
- ½ tsk bagepulver
- 1 kop kokos; ristet
- 1 kop popcorn; poppet - hakket i blenderen

INSTRUKTIONER:

a) Pisk æggehvider til skummende og tilsæt salt og bagepulver. pisk til det er stift.
b) Vend den ristede kokos og de hakkede poppede majs i.
c) Kom teskefulde på smurte bageplader.
d) Bages ved 350~ i 15 minutter, indtil de er let brunede.

99. Popcorn muffins

INGREDIENSER:
- 1½ kop mel
- 1 spsk sukker
- ¾ kop malet poppet majs
- 2 spsk Smeltet matfett
- 3 tsk bagepulver
- 1 kop mælk
- 1 tsk salt
- 1 æg, godt pisket

INSTRUKTIONER:
a) Sigt mel, mål og sigt med bagepulver, salt og sukker.
b) Tilsæt mælk, poppede majs, æg og bagefedt.
c) Fyld velsmurte muffinsforme ⅔ fulde.
d) Bages i varm ovn (435ø F) 25 minutter. 6 portioner.

100. Popcorn på pind / Popsicle Style

INGREDIENSER:
- 16 spyd/træpinde
- ⅔ kop upoppede popcorn
- 1 kop jordnødder
- 1 kop melasse
- 1 kop sukker
- 1 tsk salt

INSTRUKTIONER:
a) Kombiner poppede majs og jordnødder i en stor skål eller gryde. Kombiner melasse, sukker og salt i en 2 liter gryde; kog over medium varme til hård kuglestadie (260 grader).
b) Hæld sirup langsomt over poppede majs og nødder under omrøring, indtil blandingen er godt belagt.
c) Tryk i 5 ounce kolde drikke kopper.
d) Stik et træspyd i hver og lad køle af.
e) Skub på bunden af kopperne for at fjerne. Gør omkring 16

KONKLUSION

Denne bog har genopfundet gourmetpopcorn med kreative og lækre twists. Smørede popcorn kommer til at virke humm efter at have spist godbidder som Turtle Brownie Popcorn, Chokoladeovertrukket Strawberry Popcorn og Bacon Ranch Popcorn! Dette er den perfekte bog til en filmaften på fredag aften!

www.ingramcontent.com/pod-product-compliance
Lightning Source LLC
LaVergne TN
LVHW021942060526
838200LV00042B/1898